L'homme créé par les Martiens

Frank Belknap Long

Writat

Cette édition parue en 2023

ISBN : 9789359945453

Publié par
Writat
email : info@writat.com

L'HOMME FAIT PAR LES MARTIENS

par Frank Belknap Long

Aucun mortel n'avait jamais vu les Martiens, mais ils avaient entendu leurs chuchotements, sans connaître le terrible secret qu'ils gardaient caché.

IL Y A EU DES MORTS dans le camp.

Je savais à mon réveil qu'il était venu se tenir à nos côtés dans la nuit et qu'il attendait maintenant que le jour se lève et inonde le désert de lumière. Il y avait des picotements à la base de mon cuir chevelu et j'étais trempé de sueurs froides.

J'ai eu envie de bondir et de trébucher dans l'obscurité. Mais je me suis discipliné. J'ai croisé les bras et j'ai attendu que le ciel s'éclaire.

L'aube sur Mars ne ressemble à rien de ce dont vous avez jamais rêvé. Vous vous réveillez le matin et le voilà : lumineux, clair et brillant. On se pince, on se redresse, mais ça ne disparaît pas.

Ensuite, vous regardez vos mains avec de grosses callosités. Vous prenez un miroir pour regarder votre visage. Ce n'est pas si bon. C'est là que la laideur entre en scène. Vous regardez autour de vous et vous voyez Ralph. Tu vois Harry. Vous voyez les femmes.

Sur Terre, une femme n'est peut-être pas aussi glamour dans la lumière crue de l'aube, mais si elle est vraiment belle, elle n'a pas l'air trop mal. Sur Mars, même la plus belle femme semble en colère en se levant, trop lasse et tourmentée par les défauts humains pour prendre une cabane métallique préfabriquée et en faire une véritable maison pour un homme.

Il faut tenir compte de beaucoup de choses sur Mars. Vous devez commencer dès le départ en acceptant les difficultés et les privations comme votre lot quotidien. Il faut s'habituer à vivre dans des camps de construction dans le désert, avec la poussière rouge qui vous donne l'impression d'être vide et desséché à l'intérieur. On se sent comme un tambour, une cosse de pois ratatinée, un poisson salé suspendu pour sécher. La poussière à l'intérieur de vous, le cliquetis, les infiltrations d'eau du canal pourrissant les semelles de vos bottes.

Alors tu te réveilles et tu regardes. La nuit précédente, vous aviez ramassé du bois flotté et l'aviez empilé près du feu. Le bois flotté a disparu. Quelqu'un a volé votre très précieux bois flotté. Les Martiens ? Devine encore.

Vous vous levez et vous marchez droit vers Ralph, les épaules carrées. Vous dites : « Ralph, pourquoi diable as-tu dû voler mon bois flotté ?

Dans votre esprit, vous dites cela. Tu le dis à Dick, tu le dis à Harry. Mais ce que vous dites en réalité, c'est : "Larsen était encore là hier soir !"

Vous dites, j'ai fait bouillir un poisson et Larsen l'a mangé. J'avais un joli jeu de cartes, toutes brillantes et neuves, et Larsen les annotait. Ce n'était pas moi qui trichais. C'était Larsen qui espérait que je gagnerais pour pouvoir m'attaquer dans le désert et me retirer tout l'argent.

Tu as une fille. Il n'y a pas beaucoup de filles dans les camps qui ont du rire, de la lumière et du feu. Mais il y en a quelques-unes, et si vous avez de la chance, vous craquerez pour une fille en particulier : ses lèvres rouges charnues et ses cheveux dorés filés. Tout d'un coup , elle disparaît. Quelqu'un s'enfuit avec elle. C'est Larsen.

En chaque homme se trouve un géant endormi. Quand la vie rugit autour de vous dans un monde sauvage et nouveau, vous devez continuer à respecter les gars qui ont partagé leur sort avec vous, même lorsque leurs impulsions sont aussi dures que l'éclat du soleil sur une pierre tombale polie par le désert.

Vous pensez à un nom : Larsen. Vous partez de zéro et vous construisez Larsen jusqu'à ce que vous ayez une image claire de lui dans votre esprit. Vous le construisez jusqu'à ce qu'il devienne un grand homme en or qui crie, se bagarre comme Paul Bunyon .

Même une méchante légende peut sembler dorée sur Mars. Larsen n'était pas seulement mon géant endormi, ni celui de Dick, ni celui de Harry. Il était le géant endormi en chacun de nous, et c'est ce qui le rendait si formidable. Tout ce qui est gigantesque a de la beauté, du pouvoir et du dynamisme.

Seuls, nous ne pouvions rien faire avec l'enthousiasme de Larsen, alors quand un grand acte de méchanceté était commis avec enthousiasme, comment cela pouvait-il être nous ? Voici Larsen ! Il assumera toute la culpabilité, mais il ne se sentira pas coupable car il est le premier homme d'Eden, l'enfant qui n'a jamais grandi, le garçon qui rit, Hercule équilibrant le monde sur ses épaules et cherchant une femme aux longues tresses brillantes. et des yeux comme les étoiles du ciel pour se plier à sa volonté.

Si une telle femme prenait vie dans les bras d'Hercule , aimeriez-vous l'empêcher d'envoyer le monde s'effondrer ? Voudriez-vous essayer ?

Tu ne vois pas ? Larsen était plus proche de nous que la respiration et aussi nécessaire que la nourriture et la boisson et nos rêves d'un avenir meilleur. Ne pensez pas que nous ne l'avons pas détesté à certains moments. Ne pensez pas que nous ne l'avons pas maudit et injurié. Vous pouvez glorifier une légende d'ici à l'éternité, mais son éclat ne reste jamais complètement intact.

Larsen ne nous aurait pas semblé tout à fait réel si nous ne lui avions pas donné des muscles capables de se fatiguer et des yeux capables de cligner des yeux de lassitude. Larsen a dû dormir, tout comme nous. Il disparaîtrait pendant des jours.

Nous ferions un clin d'œil et disions : « Larsen se repose bien et longtemps cette fois. Mais il reviendra avec quelque chose de nouveau dans sa manche, ne vous inquiétez pas !

On pourrait en plaisanter, bien sûr. Lorsque Larsen volait ou trichait , nous pouvions faire comme si nous jouions à un jeu avec des dés pipés – pas vraiment un jeu mortel, mais un jeu plein de bruit et de fureur avec une grande explosion de gaieté à la fin.

Mais il existe des jeux de loin plus meurtriers. Je restais immobile, les bras croisés sur ma poitrine, en sueur par tous les pores. J'ai regardé Harry. Nous avions travaillé toute la nuit à creuser un puits, et dans quelques jours l'eau bouillonnerait douce et fraîche et nous n'aurions plus besoin d'aller au canal pour remplir nos ustensiles de cuisine. Harry clignait des yeux et remuait et je pouvais dire rien qu'en le regardant qu'il était inquiet aussi. J'ai regardé au-delà de lui vers le cercle de cabanes.

La plupart d'entre nous dormions en plein air, mais il y avait quelques jeunes dans les cabanes et des femmes trop épuisées par les corvées pour se soucier vraiment de savoir si elles dormaient dans une obscurité étouffante ou sous la claire lumière froide des étoiles.

Je me suis lentement mis à genoux, j'ai ramassé une poignée de sable et je l'ai laissé couler lentement entre mes doigts. Harry me regarda droit dans les yeux et ses yeux s'écarquillèrent d'alarme. Cela devait être dû à l'expression de mon visage. Il s'est levé et s'est dirigé vers l'endroit où j'étais assis, sa bouche se contractant légèrement. Il n'y avait rien de très rassurant chez Harry. La vie n'avait pas été tendre avec lui et il s'était résigné à accepter les frondes et les flèches d'une fortune scandaleuse sans protester. Il avait un de ces visages émaciés, presque crâniens, qui terrifient les enfants et donnent envie de pleurer aux femmes.

"Tu n'as pas l'air bien, Tom," dit-il. "Vous avez été trop dur."

J'ai détourné le regard rapidement. Je devais lui dire, mais tout ce qui était terrifiant pouvait démoraliser Harry et le faire jeter son bras devant son visage dans une panique aveugle. Mais je ne pouvais pas le garder enfermé en moi un instant de plus.

"Asseyez-vous, Harry," murmurai-je. "Je veux te parler. Cela ne sert à rien de réveiller les autres."

"Oh," dit-il.

Il s'est accroupi à côté de moi sur le sable, ses yeux scrutant mon visage. « Qu'est-ce qu'il y a, Tom ?

"J'ai entendu un cri", dis-je. "C'était assez horrible. Quelqu'un a été blessé, gravement. Cela m'a réveillé, et cela demande du temps."

Harry hocha la tête. "Tu dors comme une bûche", dit-il.

"Je suis resté immobile et j'ai écouté", dis-je, "les yeux grands ouverts. Quelque chose est sorti du puits - un truc à deux pattes. Il n'a pas fait de bruit. Il était gros, Harry, et il semblait que fondre dans l'ombre. Je ne sais pas ce qui m'a empêché de bondir et de courir après. Cela avait quelque chose à voir avec ce que je ressentais. Tout figé à l'intérieur."

Harry semblait comprendre. Il hocha la tête, ses yeux se dirigeant vers le puits. "C'était il y a combien de temps?"

"Dix—quinze minutes."

"Tu as juste attendu que je me réveille ?"

"C'est vrai", dis-je. "Il y avait quelque chose dans ce cri qui m'a donné envie de reporter la découverte. La compagnie de deux – et quand on est seul avec quelque chose comme ça, il vaut mieux en parler avant d'agir."

Je pouvais voir qu'Harry était content. Dérouté aussi et horriblement secoué. Mais il était heureux que je l'aie considéré comme un ami de confiance. Lorsque vous ne pouvez compter sur la vie pour rien d'autre, il est bon de savoir que vous avez un ami.

J'ai brossé le sable de mon pantalon et je me suis levé. "Allez," dis-je. "Nous allons y jeter un œil."

C'était une épreuve pour lui. Son visage se contracta et ses yeux vacillèrent. Il savait que je n'avais pas menti à propos de ce cri. Si un seul cri pouvait me perturber à ce point, ce devait être mauvais.

Nous avons marché jusqu'au puits dans un silence complet. Il y avait des ombres partout, froides et menaçantes. Ils ressemblaient presque à des gens, chuchotant ensemble, se serrant les uns contre les autres dans un silence inquiétant et bavard, conscients de ce que nous allions trouver.

Il y avait soixante pieds de marche entre le feu et le puits. Une promenade au soleil – une promenade sous le soleil brûlant de Mars, avec peut-être une horreur totale à la fin.

L'horreur était là. Harry fit un petit bruit d'étouffement au fond de sa gorge, et mon cœur se mit à battre comme une grosse caisse.

II

L'homme sur le sable n'avait pas de sommet sur la tête. Son crâne avait été écrasé et aplati de manière si hideuse qu'il ressemblait à une figure de bois posée là – un mannequin anatomique dont l'étui crânien avait été enlevé.

Nous avons cherché le coffret du crâne, espérant le trouver, espérant que nous avions fait une erreur et sommes tombés par hasard dans un laboratoire de dissection en plein air et que nous regardions d'horribles accessoires faits de plastique et de métal scintillant au lieu d'os et muscle et chair.

Mais l'homme sur le sable avait un nom. Nous le connaissions depuis des semaines et lui avions parlé. Ce n'était pas un mannequin médical, mais un cadavre. Ses membres étaient horriblement convulsés, ses yeux écarquillés et fixes. Le sable sous sa tête était coagulé de sang séché. Nous avons cherché l'arme qui lui avait fracassé le crâne mais nous ne l'avons pas trouvée.

Nous avons cherché l'arme avant de voir les empreintes de pas dans le sable. Ils étaient grands, incroyablement grands et massifs. Un homme avec une chaussure de pointure 12 aurait pu laisser de telles empreintes si le cuir était devenu un peu détrempé et s'était étalé autour des semelles.

"Le pauvre gars," murmura Harry.

Je savais ce qu'il ressentait. Nous avions tous aimé Ned. Un petit gars inoffensif qui aimait beaucoup la solitude, un gars qui n'avait pas un cheveu méchant sur la tête. Un petit bonhomme joyeux qui aimait chanter et danser à la lumière d'un feu qui sautait en hauteur. Il avait un banjo et était bon en musique. Qui aurait pu haïr Ned avec une rage aussi primitive et sauvage ? J'ai regardé Harry et j'ai vu qu'il se demandait la même chose.

Harry avait l'air plutôt mal, sur le point de céder. Il était appuyé contre le puits, une fureur tourmentée dans les yeux.

« Ce salaud meurtrier », marmonna-t-il. "J'aimerais le prendre à la gorge et lui couper le souffle. Qui voudrait faire une chose pareille à Ned."

"Je n'arrive pas à comprendre non plus", dis-je.

Puis je me suis souvenu. Je ne pense pas que Molly Egan aurait vraiment pu aimer Ned. Ce qui était curieux, c'était que Ned n'avait même pas besoin du genre d'amour qu'elle aurait pu lui donner. C'était un petit bonhomme autonome malgré sa fragilité et n'avait pas vraiment besoin d'une femme pour s'occuper de lui. Mais Molly a dû voir quelque chose de pathétique en lui.

Molly était elle-même une belle femme, et il n'y avait pas un homme dans le camp qui n'avait pas envié Ned. C'était déroutant, mais cela aurait pu expliquer pourquoi Ned gisait affalé sur le sable, le crâne défoncé. Cela aurait pu expliquer pourquoi quelqu'un l'avait suffisamment détesté pour le tuer.

Sans lever le petit doigt, Ned avait gagné l'amour de Molly. Cela pourrait rendre un autre type aussi fou qu'une hyène en cage – le mauvais type de type. Même un petit homme aurait pu briser le crâne de Ned, mais les empreintes sur le sable étaient grandes.

Combien d'hommes dans le camp portaient des chaussures de taille douze ? C'était la question à soixante-quatre dollars , et elle flottait dans l'air scintillant entre Harry et moi comme un défi tacite. On apercevrait presque la courbe du gros point d'interrogation suspendu dans l'éblouissement.

J'ai réfléchi un moment en regardant Harry. Puis j'ai pris une longue et profonde inspiration et j'ai dit : "Nous ferions mieux d'en parler d'abord avec Bill Seaton. Si cela se propage trop vite, ces empreintes seront piétinées. Et si les esprits commencent à monter, tout peut arriver."

Harry hocha la tête. Bill était le genre de personne sur qui on pouvait compter en cas d'urgence. Cool, posé, efficace, avec un air d'autorité qui imposait le respect. Il pouvait parfois être têtu, mais son sens de la justice était aussi aiguisé qu'un fouet.

Harry et moi avons marché très tranquillement sur une étendue de sable tumultueux et nous nous sommes arrêtés à la porte de la cabane de Bill. Bill était célibataire et nous savions qu'il n'y aurait aucune femme à l'intérieur pour lui dire qu'il serait idiot d'agir comme un homme de loi. Ou y en aurait-il ? Nous avons dû tenter notre chance.

Faire respecter la loi est un travail ingrat, que ce soit sur Terre ou sur Mars. C'est pourquoi il attire les pires et les meilleurs. Si vous êtes un sadique ivre de pouvoir, vous accepterez ce poste juste pour le plaisir qu'il vous procure. Mais si vous souhaitez vraiment maintenir la violence dans des limites afin que des gars assez honnêtes aient une chance de se battre pour construire leur avenir, vous accepterez le poste sans aucune pensée de récompense au-delà de la simple satisfaction de donner un coup de main.

Bill Seaton était un tel homme, même s'il appréciait le feu des projecteurs et aimait occuper une position de commandement.

"Allez, Harry," dis-je. "Autant le réveiller et en finir avec ça."

Nous sommes entrés dans la cabane. Bill dormait par terre avec ses longues jambes repliées. Sa bouche était ouverte et il ronflait vigoureusement. Je ne pouvais m'empêcher de penser à quel point il ressemblait à une sauterelle envahie par la végétation. Mais ce n'était qu'une première impression née de nerfs surmenés.

Je me suis penché et j'ai secoué Bill pour le réveiller. J'ai attrapé son bras et je l'ai secoué jusqu'à ce que sa mâchoire se ferme et qu'il se redresse, soudainement galvanisé. Instantanément, l'aspect grotesque disparut de lui. La dignité l'envahit et l'enveloppa comme un manteau.

"Ned, tu dis ? Le pauvre petit con ! Alors aide-moi, si je mets la main sur le rat qui a fait ça, je le ferai rôtir à feu doux !"

Il se leva, tituba jusqu'à un casier à matériel et sortit un casque solaire et un short. Il s'habilla rapidement, jurant constamment et regardant par la porte la lueur brillante de l'aube comme s'il voulait envoyer ses deux poings s'écraser sur le premier gars suspect qui croiserait son chemin.

"Nous ne pouvons pas laisser ces empreintes piétinées", marmonna-t-il. "Il y a beaucoup de salauds ici qui ne savent rien sur la façon de garder les pointeurs intacts. Ces empreintes seront peut-être la seule chose sur laquelle nous devrons continuer."

"Nous pouvons le gérer tous les trois, Bill," dis-je. "Quand vous déciderez ce qu'il faut faire , nous pourrons réveiller les autres."

Bill hocha la tête. "Garder le silence est la chose importante. Nous le ramènerons ici. Quand nous annoncerons la nouvelle , je veux que ce corps soit hors de vue."

Harry, Bill et moi avons fait une autre promenade au soleil. Je regardai Harry et la teinte verdâtre qui s'était glissée sur son visage me fit sursauter. Il prend ça assez mal, pensais-je. Si je ne l'avais pas si bien connu , j'aurais peut-être tiré une conclusion hâtive. Mais je ne pouvais tout simplement pas imaginer Harry se disputant avec Ned à propos de Molly.

Comment est-ce que je le prenais moi-même ? J'ai levé la main et je l'ai regardé. Il n'y avait aucun tremblement. Les nerfs sont stables, le cerveau est clair. Aucun plaisir à faire respecter la loi : transférez cette responsabilité à Bill. Mais il y avait un travail épouvantable qui m'attendait, et j'y résistais du mieux qu'on pouvait s'y attendre.

Avez-vous déjà essayé de soulever un cadavre ? Le cadavre d'un étranger est plus facile à soulever que celui d'un homme que vous avez connu et aimé. Harry et moi l'avons soulevé ensemble. Entre nous, le poids mort ne semblait pas trop intolérable, pas au début. Mais cela devint vite une terrible et lourde boiterie qui traînait sur nos bras comme une bûche détrempée extraite des eaux sombres du canal.

Nous l'avons porté dans la cabane et l'avons déposé sur le sol. Sa tête est tombée en arrière et ses yeux se sont baissés.

La mort est toujours honteuse. Il ôte toutes les réticences humaines et tourne en dérision la dignité humaine et la rébellion de l'homme contre la cruauté du destin.

Pendant un moment, nous sommes restés à regarder tout ce qui restait de Ned. J'ai regardé Bill. "Combien d'hommes dans le camp portent des chaussures numéro douze ?"

"Nous le saurons bien assez tôt."

Pendant tout ce temps, nous n'avions pas mentionné Larsen. Pas un mot sur Larsen, pas un seul mot prononcé. Tricher, oui. Mensonge, déloyauté perfide, méchanceté et méchanceté. Des bagarres autour des feux de camp à minuit, des visages meurtris et des poignets cassés et des injures qui ne cessaient jamais. Tout cela, nous pourrions le reprocher à Larsen. Mais un petit bonhomme inoffensif gisant mort près d'un puits dans une mare de sang qui s'étendait – c'était un outrage qui nous a arrêtés nets dans notre élan de création de légendes.

Il y a quelque chose dans l'esprit humain qui recule devant une tromperie trop scandaleuse. Comme cela aurait été merveilleux de dire : « Larsen était encore là la nuit dernière. Il a trouvé un petit bonhomme qui n'avait jamais fait de mal à personne se tenant près d'un puits au clair de lune. Juste par pur plaisir, il a décidé de tuer le petit bonhomme sur-le-champ. ". Juste pour ajouter de l'éclat à la légende, juste pour envoyer un frisson d'enthousiasme à propos du camp.

Non, cela aurait été un mensonge colossal auquel aucun homme sensé n'aurait pu croire.

Quelque chose s'est alors produit qui nous a encore plus perturbés.

Le son le plus inquiétant que l'on puisse entendre sur Mars est le murmure. Habituellement, cela commence par un murmure à peine audible et augmente de volume à chaque changement de vent. Mais maintenant, cela a commencé de manière aiguë et insistante et ne s'est pas arrêté.

C'était le murmure d'une race mourante. Les Martiens sont aussi insaisissables que les elfes et toute la logique impitoyable de la science n'a pas réussi à les attirer vers la lumière du soleil pour se présenter devant les hommes avec une arrogance sans compromis en tant que pairs de la race humaine.

Cet échec était une tragédie en soi. Si la suprématie de l'homme doit être contestée, que ce soit par une créature de chair et de sang, un bipède au gros cerveau qui doit tuer pour vivre. Mieux vaut cela de loin qu'un scintillement fantomatique dans le crépuscule qui s'approfondit, un murmure, un battement de battements et un long soupir prophétisant la mort.

Oh, les Martiens étaient bien réels. Une chauve-souris vampire volante est réelle, ou une raie piquante dans les profondeurs d'un lagon bleu. Mais qui pourrait désigner un Martien et dire : « Je t'ai vu clairement, en plein jour. J'ai regardé dans tes yeux de hibou et je t'ai vu voler sur le sable sur tes jambes fines et semblables à des tiges ? Je sais qu'il n'y a rien de mystérieux là-dedans. vous. Vous êtes comme un insecte aquatique effleurant la surface d'un étang dans une prairie familière sur Terre. Vous êtes rapide et alerte, mais vous ne faites pas le poids face à un homme. Vous n'êtes rien de plus qu'un insecte intéressant.

Qui pourrait dire cela, alors qu'il y avait des ruines enfouies profondément sous le sable pour démentir une telle idée. D'abord les ruines, puis les Martiens eux-mêmes, toujours insaisissables, semblables à des gnomes, à des gobelins, s'envolant dans le crépuscule dissolvant.

Vous êtes un archéologue comparatif et vous êtes sur Mars avec le premier groupe de jeunes robustes à sortir d'un vaisseau spatial avec de la poussière d'étoile dans les yeux. Vous voyez ces jeunes creuser des puits et transpirer dans le désert. On voit les logements préfabriqués s'élever, l'enchevêtrement de machines, les campings s'animer de bagarres nocturnes et d'escapades déchirantes. Vous voyez les villes dans le désert, les comités chargés de faire respecter la loi, les adeptes des camps, les fanatiques de la réforme.

Vous êtes un érudit sobre, alors vous commencez à creuser dans les ruines. Vous évoquez d'étranges cylindres, des rouleaux de film fileté, des instruments scientifiques si complexes qu'ils vous donnent le vertige.

Vous vous interrogez sur les Martiens : à quoi ressemblaient-ils lorsqu'ils étaient une race jeune et fière. Si vous êtes archéologue, vous vous posez la question. Mais Bill et moi étions encore des jeunes. Oh, bien sûr, nous étions dans la trentaine, mais qui l'aurait soupçonné ? Bill avait l'air d'avoir vingt-sept ans et je n'avais pas un seul cheveu gris sur la tête.

III

Bill fit un signe de tête à Harry. "Tu ferais mieux de rester ici. Tom et moi allons poser des questions pointues, et notre premier pas dépendra des réponses que nous obtiendrons. Ne laissez personne fouiner dans cette cabane. Si quelqu'un passe la tête dedans et commence à devenez moche, prévenez-le une seule fois, puis tirez pour tuer. Il tendit à Harry une arme à feu.

Harry acquiesça sombrement et s'installa sur le sol près de Ned. Pour la première fois depuis que je le connaissais, Harry avait l'air complètement sûr de lui.

Alors que nous sortions de la cabane, les chuchotements étaient si forts que tout le camp avait été mis en alerte. Nous n'aurions pas besoin d'aller cabane après cabane, regardant la surprise et le choc monter dans leurs yeux.

Une douzaine d'hommes ou plus se trouvaient entre la cabane de Bill et le puits. Ils regardaient l'aube d'un air sombre, comme s'ils voyaient déjà du sang dans le ciel, se répandre sur le sable et s'étaler en une mare sinistre à leurs pieds. Une piscine semblable à un mirage reflétant leurs propres pressentiments cachés, reflétant une corde nouée et les épaules tendues d'hommes trop vengeurs pour connaître le sens de la retenue.

Jim Kenny se tenait à l'écart et seul, à environ dix mètres du puits, nous regardant droit dans les yeux. Sa chemise était ouverte au niveau de la gorge, exposant une partie de sa poitrine velue, et ses grandes mains étaient profondément enfoncées dans sa ceinture. Il mesurait environ six pieds trois pouces, était très puissant et avait de grands pieds.

J'ai poussé le bras de Bill. "Qu'en penses-tu?" J'ai demandé.

Kenny semblait être un suspect probable. Molly avait attiré son attention dès le début, et il n'avait pas perdu de temps pour la poursuivre. Un gars comme Kenny aurait pensé que perdre face à un homme de sa propre race aurait été un coup terrible pour sa fierté. Mais imaginez Kenny perdre face à un petit gars comme Ned. Cela l'aurait rendu furieux et lui aurait glacé les yeux d'un film rouge de haine.

Bill répondit lentement à ma question, les yeux rivés sur la tête coupée de Kenny. "Je pense que nous ferions mieux de jeter un œil à ses chaussures", a-t-il déclaré.

Nous avançâmes lentement, en prenant soin de ne pas déranger les autres, faisant semblant de nous diriger vers le puits lors d'une promenade avant le petit-déjeuner.

C'est alors que Molly sortit de sa cabane. Elle resta un instant à cligner des yeux dans l'éclat de l'aube, ses cheveux dénoués tombant en une masse sombre tombant sur ses épaules, ses yeux toujours somnolents de sommeil. Elle portait des pantoufles de couleur rouille et une robe jaune ajustée, ceinturée à la taille.

Molly n'était pas exactement belle. Mais il y avait quelque chose d'émouvant chez elle et il était facile de comprendre à quel point un homme comme Kenny pouvait avoir du mal à lui résister.

Bill jeta un coup d'œil à Kenny, puis haussa les épaules et regarda directement Molly. Il s'est tourné vers moi, sa voix presque murmurée. "Il faut qu'on lui dise, Tom. Tu le fais. Elle t'aime beaucoup."

Je me demandais moi-même à ce sujet : à quel point elle m'aimait. C'était difficile d'en être sûr.

Bill vit mon hésitation et fronça les sourcils. "Vous pouvez savoir si elle se cache. Sa réaction pourrait nous donner une piste."

Molly a eu l'air surprise quand elle m'a vu approcher sans le masque que je portais habituellement quand je la faisais valser et lui a souri et ébouriffé ses cheveux et lui a dit qu'elle était l'enfant la plus mignonne imaginable et qu'elle ferait d'un homme - pas moi - une bonne épouse.

Cela rendait encore plus difficile de lui en parler. Le plus dur a été à la fin, quand elle m'a regardé les yeux secs et m'a entouré de ses bras comme si j'étais le dernier soutien qui lui restait sur Terre.

Pendant un instant, j'ai presque oublié que nous n'étions pas sur Terre. Sur Terre, j'aurais peut-être pu la réconforter d'une manière complètement saine. Mais sur Mars, lorsqu'une femme vient dans vos bras, vos émotions peuvent fondre en quelques secondes.

"Stable", murmurai-je. "Nous sommes juste de bons amis, tu te souviens?"

"Je serais prête à oublier, Tom," dit-elle.

"Tu as eu un choc terrible", murmurai-je. "Tu as vraiment aimé ce petit gars, plus que tu ne le penses. Il est assez naturel que tu ressentes une certaine chaleur envers moi. Il se trouve que j'étais là, alors tu m'as embrassé."

"Non, Tom. Ce n'est pas du tout comme ça—"

Je me serais peut-être laissé aller un peu alors si Kenny ne nous avait pas vu. Il resta immobile un instant, regardant Molly. Puis ses yeux se plissèrent et il s'avança lentement vers nous, les mains toujours coincées dans sa ceinture.

J'ai regardé rapidement Molly et j'ai vu que ses traits s'étaient durcis. Il y avait une sombre suspicion dans ses yeux. Bill avait également observé Kenny, attendant qu'il bouge. Il mesura les pas avec Kenny, avançant dans la même direction sous un angle différent à une allure si calculée qu'ils semblaient se rencontrer par accident juste devant nous.

Bill ne dessinait pas mais sa main ne quittait jamais sa hanche. Sa voix était claire, aiguë et teintée d'une froide insistance. « Tu sais quelque chose, Kenny ?

La tension semblait serrer le visage de Kenny, mais il n'y avait aucune panique dans ses yeux, aucune véritable lueur de peur. "Qu'est-ce qui t'a fait croire que je le saurais ?" Il a demandé.

Bill n'a pas dit un mot. Il a juste commencé à regarder les chaussures de Kenny. Il recula un peu et continua à regarder comme si quelque chose d'essentiel lui avait échappé et s'était réfugié sous le cuir détrempé autour des pieds de Kenny.

"Quelle taille de chaussures portes-tu, Jim ?" Il a demandé.

Kenny devait soupçonner que la question comportait autant de risques explosifs qu'un fil détonant prêt à exploser au moindre choc. Ses yeux devinrent astucieux et moqueurs.

" Alors le type qui a fait ça a laissé des empreintes dans le sable ? " il a dit. "Des empreintes faites par de grosses chaussures ?"

"C'est vrai," dit Bill. "Vous avez un esprit très actif."

Kenny rit alors, la moquerie s'approfondissant dans son regard. "Eh bien," dit-il, "supposons que nous regardions ces imprimés, et si cela peut vous rassurer, j'enlèverai mes chaussures et vous pourrez les essayer pour connaître leur taille."

Kenny, Bill et moi avons marché lentement depuis la cabane de Molly jusqu'au puits dans la lumière brûlante et flamboyante, et les chuchotements ont continué, nous pénétrant d'une manière tourmentante.

Kenny arborait toujours ce sourire inquiétant. Il regarda les empreintes et grogna. "Ouais," dit-il, "ils sont vraiment gros. Les plus grosses gravures que j'ai jamais vues."

Il s'assit et commença à délacer ses chaussures. D'abord la chaussure droite, puis la gauche. Il ôta les deux chaussures et les tendit à Bill.

"Insérez-les", dit-il. "Mesurez-les pour leur taille. Mesurez *-moi* pour leur taille, et au diable vous !"

Bill fit une vérification minutieuse. Il y avait huit empreintes et il adapta minutieusement les chaussures dans chacune d'elles. Il y avait de la place à revendre à chaque essai.

Cela a complètement innocenté Kenny. Ce n'était pas un tueur, cette fois. Nous aurions pu déclencher une fureur de lynchage dans le camp et Kenny serait mort pour un crime qu'un autre homme avait commis. J'ai fermé les yeux et j'ai vu Larsen se balancer du haut d'un toit, une cagoule noire sur le visage. J'ai vu Molly debout au soleil à mes côtés, son visage un masque de pierre.

J'ai ouvert les yeux et il y avait Kenny, nous souriant avec mépris. Il avait bluffé et avait gagné. Maintenant, la chaussure était sur l'autre pied.

Un frisson froid me parcourut le dos. C'était Kenny qui regardait maintenant, et il regardait directement mes chaussures. Il recula un peu et continua à regarder. Il dramatisait son triomphe soudain d'une manière qui me glace le sang.

Puis j'ai vu que Bill regardait aussi – directement les chaussures d'un homme qu'il connaissait depuis trois ans et qu'il avait appris à apprécier et à qui il avait confiance. Mais sous la chaleur et la gentillesse de Bill se cachait une intégrité de granit que rien ne pouvait ébranler.

Ce fut Bill qui parla le premier. "Je suppose que tu ferais mieux de les enlever, Tom," dit-il. "Autant être minutieux à ce sujet."

Bien sûr, j'étais grand. J'ai grandi vite quand j'étais enfant et à dix-huit ans, je pesais deux cent trente livres, toute chair maigre. Si les chaussures étaient grandes , je pouvais parfois mettre mes pieds dans une taille 12, mais je me sentais beaucoup plus à l'aise dans une taille ou deux plus grande que cela.

Le pire, c'est que Molly m'aimait bien. J'étais impliqué avec elle, mais personne ne savait à quel point. Personne ne savait si nous nous étions disputés ou non, ni à quel point je pouvais être incroyablement jaloux. Personne ne savait si Molly avait seulement fait semblant d'aimer Ned tout en portant le flambeau pour moi, et à quel point la situation aurait pu devenir dangereusement complexe tout au long de la ligne.

Je restai immobile, écoutant. Les chuchotements étaient si forts qu'ils couvraient les soupirs du vent. J'ai regardé mes chaussures. Ils étaient couverts de boue, détrempés et décolorés. Jour après jour, je faisais des allers-retours pénibles du canal aux cabanes sous un soleil de plomb sans penser à mes pieds jusqu'à ce que la douleur qu'ils ressentaient devienne intolérable, le repos une nécessité absolue.

Il n'y avait qu'une chose à faire : Kenny bluffait si vite qu'il n'aurait pas le temps de me lancer une autre accusation.

J'ai remis à Bill mes deux chaussures. Il m'a regardé et a hoché la tête. J'ai attendu, écoutant les chuchotements monter et descendre, le regardant se baisser et insérer les chaussures dans les empreintes sur le sable.

Il se redressa brusquement. Son visage était inexpressif, mais je voyais qu'il menait une terrible lutte intérieure avec lui-même.

"Vos chaussures sont sur le point de remplir ces empreintes, Tom," dit-il. "Je ne peux pas en être sûr, mais un test d'empreinte de cire devrait éclaircir cela." Il m'a saisi le bras et a fait un signe de tête en direction des cabanes. "Mieux vaut rester près de moi."

Kenny recula lentement d'un pas, la mâchoire serrée, ses yeux scrutant le visage de Bill. "Test d'impression de cire, bon sang !" il a dit. "Vous avez votre meurtrier. Je vais voir qu'il obtient ce qui lui arrive, tout de suite !"

Bill secoua la tête. "Je ferai ça à ma manière", a-t-il déclaré.

Kenny lui lança un regard noir, puis rit durement. "Vous n'aurez aucune chance", a-t-il déclaré. "Les garçons ne le supporteront pas. Je vais faire passer le message, et tu ferais mieux de ne pas essayer de m'arrêter."

Cela l'a fait. Je m'étais retenu, mais j'ai eu une envie soudaine et irrésistible d'envoyer mon poing s'écraser sur le visage de Kenny, de l'envoyer s'écraser sur le sable. J'ai commencé pour lui, mais il a reculé et a commencé à crier.

Je ne me souviens pas exactement de ce qu'il a crié. Mais il en a dit juste assez pour me mettre un nœud coulant autour du cou. Entre les cabanes et les puits, tous les hommes et toutes les femmes se retournaient pour me dévisager. J'ai vu le choc et la rage éclater dans les yeux d'hommes qui avaient généralement les nerfs solides. Ils n'étaient plus calmes à présent – aucun d'entre eux.

IV

Tout s'est passé si vite que j'ai été pris de court. Sous la dure lumière du soleil martien, les émotions humaines peuvent être aussi instables qu'une dune balayée par le vent.

Une pensée folle m'a traversé l'esprit : Molly le croira-t-elle aussi ? Rejoindra-t-elle ces fous dans leur folle soif de vengeance ? Mon besoin d'elle était soudain écrasant. Le simple fait de voir son visage aurait aidé, mais maintenant, de plus en plus d'hommes étaient sortis des cabanes et je ne pouvais pas voir au-delà d'eux. Ils se dirigeaient droit vers moi et je savais que même Bill serait impuissant à les arrêter.

Vous ne pouvez pas discuter avec une avalanche. Il roulait droit vers moi, prenant de l'ampleur au fur et à mesure – pas un homme ou une douzaine, mais un solide mur de haine humaine et de déraison.

Bill a tenu bon. Il avait dégainé son arme et il s'est mis à crier que les empreintes ne pouvaient pas être faites par mes chaussures. J'ai mis cela à son honneur et j'ai décidé de ne jamais l'oublier.

Je savais que je devrais me précipiter pour y parvenir. J'ai couru aussi vite que je pouvais, gardant les yeux fixés sur les lueurs du soleil sur les dunes montantes et les creux profonds qu'une balle soigneusement placée aurait pu rapidement transformer en tumulus.

Une soudaine rafale de coups de feu crépitante déchira l'air. Directement sur mon chemin, le sable jaillit sous les balles qui le déchiraient et le déchiraient. Quelqu'un n'était pas un bon tireur d'élite, ou bien avait laissé une rage aveugle le perturber et gâcher son tir. Beaucoup de monde, car les tirs augmentèrent et devinrent presque continus l'espace d'un instant, un crépitement sourd qui couvrait les chuchotements et les soupirs du vent.

Puis brusquement, tout bruit cessa. Un silence total s'abattit sur le désert — un silence surnaturel et terrifiant, comme si la nature elle-même avait cessé de respirer et attendait que quelqu'un crie.

J'ai dû être fou pour me retourner. Une cible en mouvement a une chance, mais une cible immobile est une cible facile et sa vie ne tient qu'à un cheveu. Mais je me suis quand même retourné.

Quelque chose se passait entre le puits et les cabanes qui stoppait net la poursuite. L'une des cabanes était enveloppée de langues de flammes, et une femme criait, et un homme près d'elle était aux prises avec quelque chose d'énorme et difforme qui se profilait clairement dans la lueur de l'aube.

Une forme humaine ? Je ne pouvais pas en être sûr. Il semblait monstrueux, avec un renflement entre les épaules qui donnait un aspect grotesque et déformé à l'ombre que sa masse tissée projetait sur le sable. Je pouvais voir clairement l'ombre sur trois cents pieds de sable. Il s'allongeait et se raccourcissait, comme si une férocité semblable à celle d'une pieuvre lui avait donné le pouvoir de se déformer à volonté, allongeant ses tentacules puis les faisant reculer.

Mais ce n'était pas une pieuvre. Il avait des jambes et des bras, et il écrasait l'homme dans une poigne d'acier. Je pouvais le voir maintenant. Je regardais comme les autres, le dos tourné vers moi, leur haine aveugle à mon égard effacée par cette plus grande horreur.

J'ai soudain réalisé que la forme était humaine. Il avait la tête et les épaules d'un homme, un torse capable de se tordre avec un effort musclé et des mains massives capables de mutiler et de mutiler. Elle en chassa le malheureux dans une brusque contraction convulsive de toute sa masse. Je n'avais jamais vu un être humain bouger de cette manière, mais même si sa violence s'accentuait, son aspect masculin devenait plus prononcé.

Il se produisit alors une chose effrayante. La femme a crié et s'est précipitée vers le maniaque brutal, les doigts écartés. La silhouette vacillante se pencha, l'attrapa par la taille et la souleva dans les airs. J'ai cru un instant qu'il était sur le point de l'écraser comme il avait écrasé l'homme. Mais je me trompais. Elle fut projetée sur le sable, mais avec une violence si brutale qu'elle devint instantanément molle.

Puis le fou brutal s'est retourné et j'ai vu son visage. Si jamais une cruauté monstrueuse et une ruse malveillante ressortaient d'un visage humain, elles ressortaient des yeux qui regardaient dans ma direction, impitoyables dans leur haine.

Je ne pouvais pas détacher mon regard de son visage. La haine qui y régnait pouvait être ressentie, même à travers une brume aveuglante de soleil qui effaçait les contours nets des choses physiques. Mais on pouvait ressentir bien plus que de la haine. Il y avait quelque chose d'extraordinaire dans ce visage, comme si le mal qui l'avait ravagé avait laissé la marque brûlante de Lucifer lui-même !

Pendant un instant, le fou resta immobile, son horrible brutalité incontestée. Puis Jeff Winters s'est lancé dans cette voie. Jeff était venu seul sur Mars et devenait de plus en plus solitaire chaque jour qui passait. C'était un homme maussade, incarné, secret et maussade, avec une pointe de sauvagerie qu'il parvenait généralement à contrôler. Il s'en prenait au fou comme un gigantesque chiot terrier, hirsute, féroce et méprisant la mort.

La grande silhouette se tourna rapidement, leva le bras et posa son poing fermé sur le crâne de Jeff. Jeff s'est effondré comme un plâtre brisé. Son corps semblait se briser et se briser en éclats, et il s'étala sur le sable.

Il ne s'est pas levé.

Frank Anders avait des pistolets sur les deux hanches et il les dégainait rapidement. Personne ne savait quel genre d'homme était Anders. Il ne se plaignait presque jamais et ne se donnait presque jamais en spectacle. Un petit gars aux cheveux blonds et aux yeux bleus froids, il avait une précision de visée qui parlait pour lui.

Ses armes rugirent soudain. Pendant un instant, l'air entre ses mains et le maniaque fut un mur de flammes crépitantes. La brute chancela un peu mais ne se détourna pas. Il se dirigea droit vers Anders avec les deux bras écartés.

Il attrapa Anders par la taille, le souleva et plaqua son corps contre le sable. Une nausée m'a envahi alors que je regardais. Le fou frappait la tête d'Anders contre le sol encore et encore. Puis soudain, les gros bras se détendirent et Anders s'affaissa mollement sur le sol.

Pendant un instant, le fou se balança lentement d'avant en arrière, comme une marionnette tachée de sang sur un fil. Puis il s'avança d'une démarche terrible et traînante, la tête baissée, une ombre sombre et difforme semblant s'allonger devant lui sur le sable comme un fuseau de flamme.

La clairière fut brusquement tumultueuse avec le bruit. La fureur qui s'était déchaînée contre moi s'est retournée contre le monstre et est devenue un cercle fermé de desseins mortels et intentionnels l'enfermant - et il a été pris entre deux feux qui l'ont projeté en arrière sur le sable.

Il se releva d'un bond et se précipita droit vers le puits. Ce qui s'est produit alors était comme le réveil d'un horrible rêve. Le fou passa devant le puits, l'air dans son dos n'étant qu'une nappe de flammes crépitantes. Le barrage derrière lui était continu et impitoyable. Les hommes étaient désormais organisés, rassemblés dans un mur solide, tirant avec une précision mortelle et un objectif sinistre qui transcendait la peur.

Le fou est passé à côté de moi et a escaladé une dune, les épaules droites. Avec un regard couchant qui s'intensifiait autour de lui, il traversa la dune et disparut de la vue.

Je me suis retourné et j'ai regardé le camp. La poursuite avait dépassé le puits et se dirigeait vers moi. Mais personne ne m'a prêté la moindre attention. Douze hommes me dépassèrent, marchant trois de front. Bill arriva dans leur sillage, les yeux durs. Il tendit la main en passant devant moi, agrippant mon épaule, me faisant un sourire comme un pied de potence.

"Nous savons maintenant qui a tué Ned", murmura-t-il. "Nous savons, mon gars. Vas-y doucement, détends-toi."

Ma tête me faisait mal, mais je pouvais voir les grandes empreintes d'où je me tenais – les empreintes d'un meurtrier trahi par son insatiable envie de tuer.

J'ai vu Kenny passer et il m'a fait un sourire méprisant. Il avait fait de son mieux pour me détruire, mais il n'y avait plus de haine en moi.

J'ai fait un lent pas en avant et je suis tombé à plat ventre...

Je me suis réveillé avec ma tête sur les genoux de Molly. Elle me regardait en face, sanglotant d'une drôle de manière et passant ses doigts dans mes cheveux.

Elle parut surprise lorsqu'elle vit que j'étais bien éveillé. Elle cligna furieusement des yeux et commença à chercher un mouchoir autour de sa taille.

"J'ai dû m'évanouir de froid", dis-je. "C'est assez pénible d'être victime d'un lynchage. Et ce que j'ai vu ensuite n'était pas vraiment agréable."

"Chéri," murmura-t-elle, "ne bouge pas, ne dis pas un mot. Tout ira bien."

"Vous pariez que je le suis!" J'ai dit . "En ce moment , je me sens bien."

Mon bras passa autour de son épaule et je baissai sa tête jusqu'à ce que son souffle soit chaud sur mon visage. J'ai embrassé ses cheveux, ses lèvres et ses yeux pendant une minute entière avec une totale insouciance.

Quand je l'ai relâchée, ses yeux brillaient, elle riait un peu et pleurait aussi. "Vous avez changé d'avis", dit-elle. "Tu me crois maintenant, n'est-ce pas ?"

"Ne parle pas," dis-je. "Ne dis plus un mot. Je veux juste te regarder."

"C'était toi dès le début", dit-elle. "Pas Ned… ni personne d'autre."

"J'étais un imbécile aveugle", dis-je.

"Tu ne m'as jamais jeté un deuxième regard."

"Un seul coup d'œil suffisait", murmurai-je. "Mais quand j'ai vu comment cela semblait se passer entre toi et Ned—"

"Je n'ai jamais été amoureuse de lui. C'était juste—"

"Peu importe, ne le dis pas," dis-je. "C'est fini, c'est fini."

Je m'arrêtai, me souvenant. Ses yeux s'écarquillèrent et furent surpris, et je pus voir qu'elle se souvenait aussi.

"Ce qui s'est passé?" J'ai demandé. « Est-ce qu'ils ont attrapé ce rat vicieux ?

Elle repoussa ses cheveux, la lumière du soleil se reflétant soudainement sur son visage. "Il est tombé dans le canal. Les balles l'ont fait tomber et il s'est effondré sur la berge."

Sa main se resserra sur mon poignet. "Bill me l'a dit. Il a essayé de nager, mais le courant l'a emporté. Il est descendu et n'est jamais remonté."

"Je suis content", dis-je. « Est-ce que quelqu'un dans le camp l'a déjà vu auparavant ?

Molly secoua la tête. "Bill a dit qu'il était un vagabond, un dangereux maniaque qui devait être fou du soleil."

"Je vois," dis-je.

Je tendis la main et la pris à nouveau dans mes bras, et nous nous reposâmes un moment étendus côte à côte sur le sable.

"C'est drôle", dis-je au bout d'un moment.

"Qu'est-ce que?"

"Vous savez ce qu'on dit à propos des chuchotements. Parfois, quand vous écoutez attentivement, vous avez l'impression d'entendre des mots au plus profond de votre esprit. Comme si les Martiens avaient des pouvoirs télépathiques."

"Peut-être qu'ils l'ont fait", dit-elle.

Je lui ai jeté un regard de côté. "Rappelez-vous", dis-je. "Il y avait des villes sur Mars lorsque nos ancêtres étaient des singes poilus. La civilisation martienne était florissante et grande cinquante millions d'années avant que les pyramides ne soient érigées en monument de la solidarité et de la valeur humaines. Un mauvais monument, construit par le travail des esclaves. Mais au moins c'était un début."

"Maintenant, tu es poétique, Tom," dit-elle.

"Peut-être que oui. Les Martiens devaient aussi avoir leurs pyramides. Et au stade de la pyramide, ils devaient avoir leur Larsens , pour assumer toute la culpabilité. Pour eux, nous sommes peut-être encore au stade de la pyramide. Supposons..."

« Et tu supposes quoi ?

"Supposons qu'ils veuillent nous prévenir, nous donner une leçon que nous ne pouvons pas oublier. Comment pouvons-nous affirmer avec certitude qu'une race mourante ne pourrait pas encore utiliser certaines techniques qui nous dépassent de loin."

"J'ai peur de ne pas comprendre", dit-elle, perplexe.

"Un jour", ai-je dit, "notre propre science prélèvera un minuscule fragment de tissu humain sur le corps d'un homme mort, le placera dans une machine à incuber, et un nouvel homme renaîtra de ce minuscule lambeau de chair. Un homme qui peut marcher, vivre et respirer à nouveau, aimer à nouveau et mourir à nouveau après une autre vie bien remplie.

"Peut-être que la science martienne était autrefois aussi grande que cela. Et les Martiens se souviennent peut-être encore de quelques-unes des techniques. Peut-être qu'ils pourraient récupérer la clé de notre cerveau humain, de nos souvenirs et de nos désirs enfouis, et donner vie à une chose horrible. monstrueux et si terrible—"

Sa main se refroidit soudain dans la mienne. "Tom, tu ne peux honnêtement pas penser—"

"Non J'ai dit. "C'est absurde, bien sûr. Oubliez ça."

Je ne lui ai pas dit ce que les chuchotements semblaient dire, au plus profond de mon esprit.

Nous vous avons amené Larsen ! Vous vouliez Larsen, et nous l'avons fait pour vous ! Sa chair et son esprit, sa force cruelle et son cœur méchant ! Le voici, le voici ! Larsen, Larsen, Larsen!